AF349519

LA QUESTION

DU

COLLÉGE DE MONTAUBAN.

MÉMOIRE

ADRESSÉ

A M. LE MAIRE, PRÉSIDENT,

ET A MM. LES MEMBRES DU CONSEIL MUNICIPAL

ET DU BUREAU D'ADMINISTRATION DU COLLÉGE.

MONTAUBAN,

IMPRIMERIE FORESTIÉ NEVEU, RUE DU VIEUX-PALAIS, 23.

1860.

À M. le Maire, Président,

ET A MM. LES MEMBRES DU CONSEIL MUNICIPAL

ET DU BUREAU D'ADMINISTRATION DU COLLÉGE

Messieurs,

Au milieu du mouvement général qui entraîne irrésistiblement les villes les plus importantes de France vers le progrès et les améliorations de toute espèce, Montauban ne saurait rester plus longtemps stationnaire sans se faire à lui-même un préjudice immense; et la nouvelle autorité municipale sent l'impérieux besoin d'entrer résolument dans la voie où plusieurs villes voisines, et en particulier Toulouse et Agen, se sont mises dans ces derniers temps.

Parmi les questions qui intéressent le plus la population montalbanaise, et qui, en effet, ont une importance capitale, se place en première ligne la question de *son Collége communal*. Deux solutions, les seules possibles, se présentent tout d'abord, et il est indispensable d'adopter sans retard l'une ou l'autre.

La première de ces solutions consiste à faire aux bâtiments actuels du Collége les réparations urgentes que réclament à la fois l'intérêt des élèves et les besoins nouveaux d'une société qui ne peut plus se contenter d'un état de choses peut-être satisfaisant pour le passé, mais certainement insuffisant pour le présent et l'avenir.

La deuxième, à faire table rase du Collége actuel et à demander sa transformation immédiate en *Lycée impérial*. Cette dernière solution devrait sans nul doute avoir la préférence, si la position financière de la ville était assez prospère pour permettre la dépense considérable qu'exige maintenant la création de tout Lycée nouveau, et si, d'ailleurs, on pouvait être assuré qu'un pareil établissement aurait des chances certaines de prospérité à Montauban. Il faudrait, au contraire, s'attacher à la première, s'il était démontré qu'avec une dépense relativement très-faible, le Collége actuel pourrait facilement se mettre, *à tous égards*, au niveau d'un Lycée, et donner aux familles les garanties de bien-être matériel, intellectuel et moral qu'elles sont en droit d'exiger.

Or, on sait déjà par les succès répétés obtenus depuis plusieurs années par les élèves de notre Collége, soit aux examens du baccalauréat, qui sont la sanction suprême des études secondaires, soit aux concours des écoles spéciales, qu'il n'y a que bien peu de chose à faire pour que le régime scolaire de notre Collége *ne soit inférieur en rien à celui des Lycées*. Le seul point sur lequel il y ait des réformes urgentes à introduire dans cet établissement est l'amélioration, depuis longtemps réclamée, des parties du bâtiment qui sont spécialement affectées au service des élèves, c'est-à-dire des dortoirs, des salles d'étude, de l'infirmerie, des cours de récréation, etc.

Partout maintenant, dans les établissements bien organisés, les dortoirs, les salles d'étude, l'infirmerie, sont dans un état de propreté, de *confortable* et presque de *luxe*, d'un attrait tout-puissant sur l'œil et l'esprit des parents, qui veulent avec raison que leurs enfants soient aussi bien au Collége, sous le rapport matériel, qu'au sein de leur famille. Partout, ces salles sont à la fois *parquetées, plafonnées, cirées* et *chauffées*, sauf les dortoirs, où la température est toujours suffisamment élevée par la présence des élèves, pour qu'il ne soit pas nécessaire d'y entretenir artificiellement un degré élevé de chaleur, qui pourrait même n'être pas toujours sans inconvénients pour la santé des enfants. Partout, les cours de récréation sont pourvues de *préaux couverts* ou *hangars* destinés à garantir, au besoin, les élèves de la pluie ou du soleil. Enfin, des *appareils élémentaires de gymnastique*, placés à la portée des élèves pendant les récréations, leur permettent de se livrer à des exercices qui, tout en développant leurs forces physiques, les éloignent utilement d'une inaction qui peut quelquefois avoir de graves dangers. Notre Collége n'a rien de tout cela ; mais ses vastes proportions permettent de le lui procurer sans beaucoup de frais et sans avoir besoin de recourir presque à aucune construction nouvelle.

Ainsi, les deux dortoirs actuels, qui ne peuvent contenir chacun qu'une trentaine de lits, sont admirablement situés, sous le rapport hygiénique, au second étage, très-bien aérés, en face d'une immense et magnifique campagne ; mais ils sont dépourvus de parquet et de plafond, et les carreaux vénérables qui en recouvrent le sol sont tellement vieux, qu'il faut en remplacer un grand nombre tous les ans, et qu'il existe entre eux des intervalles qui rendent une parfaite propreté impossible, malgré tous les soins qu'on peut se donner pour arriver à ce résultat. Il faut donc *parqueter* et *plafonner* ces deux *dortoirs*. De plus, comme ils ne peuvent contenir que soixante élèves, et qu'il y a tout lieu de penser que le nombre des pensionnaires ne tardera pas à dépasser ce chiffre, il est indispensable, selon moi, d'établir un troisième dortoir qui permette au pensionnat de s'élever à cent ou cent vingt élèves, limites qui ne seront probablement jamais dépassées, par suite de l'existence de quatre autres établissements d'instruction secondaire dans notre département, de son peu de population, et des Lycées ou Colléges qui nous entourent de toute part dans les départements limitrophes. L'établissement de ce troisième dortoir serait facile et peu coûteux, un vaste emplacement actuellement inoccupé, et où il n'y aurait que quelques cloisons ou murs à abattre, pouvant, dès à présent, être affecté à cet objet (1).

Nos salles d'études laissent beaucoup à désirer sous le rapport hygiénique; et, outre qu'elles ne sont, comme les dortoirs, ni parquetées ni plafonnées, elles sont à peine closes par des fenêtres et des portes qui comptent sans doute plusieurs centaines d'années d'existence. La surveillance y est fort difficile, par suite d'un système de *bureaux à pupitre* (2), fort irréguliers et fort bizarres, de forme, de grandeur et de couleur variables, depuis longtemps adopté dans le Collége, et qu'il est important de remplacer par de *simples tables régnant le long des murs*, sur lesquels seraient fichés des *casiers* ou *cassettes* propres à contenir les livres et les cahiers des élèves. Cette réparation n'atteindrait pas non plus un chiffre très-élevé (2 à 3 mille fr.). Enfin, les *hangars* ou *préaux*

---

(1) La dépense totale pour les trois dortoirs ne s'élèverait pas au-delà de 12 à 15,000 francs.

(2) Appartenant aux élèves.

couverts à établir dans deux des cours de l'internat ne coûteraient guère qu'une somme de 2 à 3 mille fr. au plus.

Si, à ces améliorations diverses dont la dépense totale ne dépasserait certainement pas 20,000 fr., on ajoute l'acquisition de la *maison Momméja*, qui a le grave inconvénient d'avoir trois ouvertures sur une de nos cours, et pour l'expropriation de laquelle un décret impérial a été depuis longtemps rendu ; si on y joint quelques menues réparations à faire dans l'appartement du Surveillant général et dans celui du Principal ; si on y ajoute encore l'établissement d'une infirmerie au deuxième étage, entre les deux dortoirs actuels ; enfin, si on complète toutes ces réparations par une *chemise générale*, appliquée aux murs extérieurs du Collége, l'ensemble total de ces réparations, qui mettraient le Collége sur un excellent pied, n'atteindrait pas le chiffre de 30,000 fr., d'après les devis de MM. les architectes, et cette dépense permettrait à la ville d'ajourner indéfiniment la création d'un Lycée, création qu'il nous reste maintenant à apprécier, tant au point de vue financier qu'au point de vue des avantages ou des inconvénients qu'elle peut présenter pour la ville de Montauban.

Quant aux avantages, *ils se réduisent à avoir des professeurs payés par l'État*, au lieu d'être payés par la commune : car, nous pouvons le dire avec assurance, le personnel actuel du Collége ne le cède en rien à celui d'un Lycée ; les succès qu'il obtient tous les ans le prouvent surabondamment. Plusieurs des professeurs, il est vrai, ne remplissent pas les conditions de grade imposées à ceux des Lycées ; mais cela n'ôte rien à leur mérite ; et, d'ailleurs la commune a un moyen certain d'obtenir de ceux qui ne font pas encore le grade de licencié ; c'est de porter le chiffre de leurs traitements au taux fixé par l'ordonnance de 1838, chiffre qui est *presque* atteint par le budget actuel du Collège.

Si les avantages d'un Lycée sont médiocres, les inconvénients sont nombreux et faciles à saisir. D'abord, d'après des derniers règlements sur les Lycées de nouvelle création, les villes sont obligées de construire des bâtiments pour un internat d'*au moins* 200 *élèves*, ce qui porte la dépense de construction au chiffre de six à sept cent mille francs; de plus, le mobilier à fournir pour les classes et pour les appartements des fonctionnaires (proviseur, censeur, économe, aumônier, infirmerie) a été fixé, par arrêté ministériel, en date du 9 juillet 1860, au chiffre de *deux cent mille francs;* enfin, l'achat, indispensable à Montauban, pour un nouveau lycée, de trois maisons contiguës aux bâtiments actuels du Collège, ne s'élèverait guère à moins de *cent mille fr.* Ce serait donc une dépense totale de *un million à onze cent mille francs* qu'entraînerait un Lycée impérial. Si à ce chiffre déjà formidable, on ajoute un fonds *pour bourses communales,* qui ne peut pas être inférieur à cinq ou six mille francs annuels, on arrive au chiffre de *douze cent mille francs au moins* qui serait à la charge de la ville, soit soixante mille francs par an. Dans ce chiffre ne sont pas compris les frais de réparation (toiture, murs, etc.) qui incomberaient encore à la caisse communale.

En présence d'une aussi énorme dépense, on se demande si la création d'un Lycée à Montauban est vraiment opportune, et s'il n'est pas préférable pour la ville de se borner à faire à son Collège actuel les réparations dont il a été parlé plus haut, et dont la réalisation ne lui coûterait pas plus de trente mille francs *une fois payés.*

Pour nous, nous devons le dire en toute sincérité, il

nous paraît que ce dernier parti est le plus convenable; et nous pensons que le conseil de la cité, après avoir mûrement examiné la question, ne peut guère manquer d'être de notre avis.

Que si le nouveau Lycée à fonder devait avoir de grandes chances de prospérité, nous concevrions encore que l'on pût hésiter. Mais que l'on veuille bien songer que nous sommes entourés de Lycées de tous côtés : Toulouse, Tarbes, Auch, Pau, Agen, Cahors, Rodez, Albi ou Castres, ont déjà ou auront bientôt leur Lycée. Dès-lors un Lycée à Montauban ne peut espérer d'autres élèves que ceux du Tarn-et-Garonne, département dont la faible population ne saurait, je crois, fournir plus de cent pensionnaires, au lieu de *deux cents au moins* qu'il en faudrait; si on considère, surtout, qu'outre le Lycée de Montauban, il y aurait encore dans ce département *quatre autres* établissements d'instruction secondaire, savoir : les deux Colléges communaux de Moissac et de Castelsarsasin, qui ne veulent pas mourir, que je sache, et les deux petits-séminaires qui se portent fort bien, à ce qu'on dit.

Ainsi, en résumé : d'un côté, une dépense *certaine* de 50 à 60 mille fr. par an pour un résultat *très-incertain*, au point de vue d'un nouveau Lycée; de l'autre, une trentaine de mille francs à dépenser une fois pour toutes, avec la presque certitude d'obtenir des résultats *au moins égaux* à ceux qu'on peut espérer d'un Lycée, et la chance probable de voir la subvention annuelle payée par la commune, pour son collége, tomber de 20 mille fr., chiffre actuel, à 15 ou 16 mille fr. Tels sont, à mon avis, les deux résultats à prévoir et qui ont presque tous les caractères de la certitude.

En présence de cet état de choses, le Conseil municipal

voudra sans doute, avant de prendre une décision, examiner profondément la *question du Collége*. Et c'est à titre de renseignement sur cette importante question que j'ai écrit ces quelques observations, que je soumets en toute confiance à ses lumières et à son patriotisme.

A. GROUSSET,

Principal du Collége de Montauban.

Imp. Forestié Neveu, rue du Vieux-Palais, 23.